DEBUT D'UNE SERIE DE DOCUMENTS
EN COULEUR

IMPRESSIONS DE VOYAGE.

L'AFRIQUE AU XIXe SIÈCLE.

LA TUNISIE

AUX POINTS DE VUE

POLITIQUE, AGRICOLE ET COMMERCIAL

PAR

Vic. KERSANTÉ,

PRÉSIDENT DE COMICE AGRICOLE

et Membre corresp^t de la Société Centrale d'Agriculture de France.

DINAN,

DE L'IMPRIMERIE BAZOUGE.

1871.

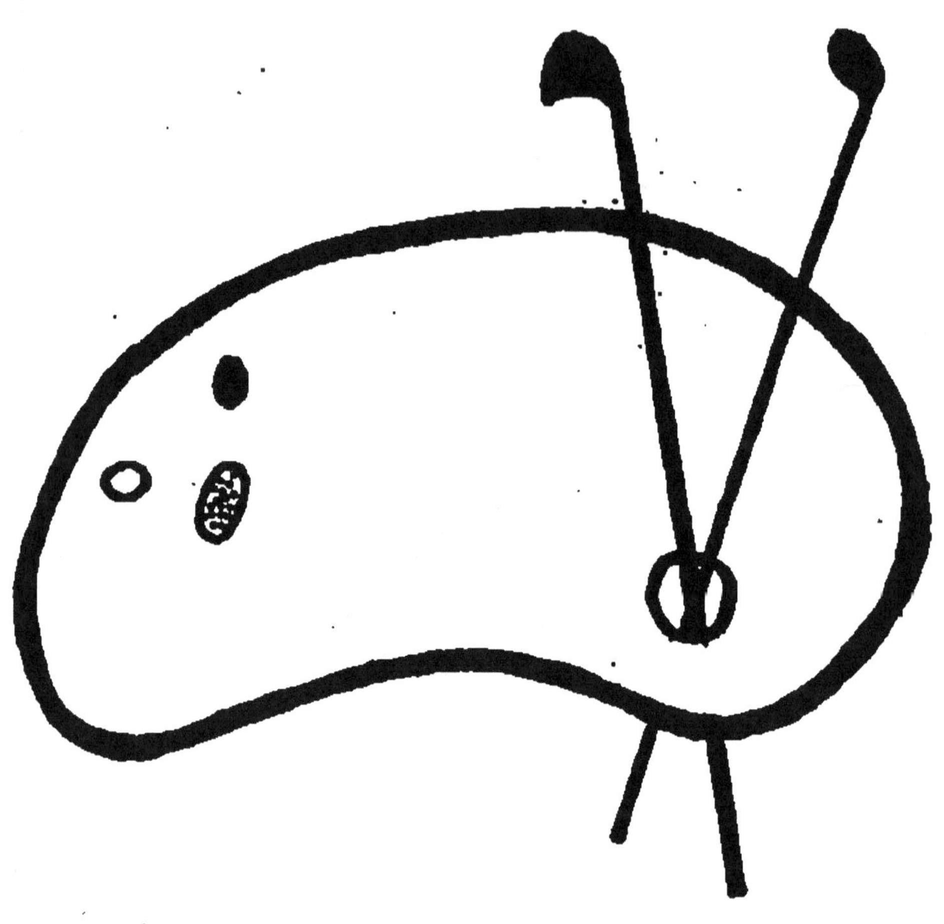

FIN D'UNE SERIE DE DOCUMENTS
EN COULEUR

LA TUNISIE

AUX POINTS DE VUE

POLITIQUE, AGRICOLE ET COMMERCIAL.

IMPRESSIONS DE VOYAGE.

L'AFRIQUE AU XIXe SIÈCLE.

LA TUNISIE

AUX POINTS DE VUE

POLITIQUE, AGRICOLE ET COMMERCIAL

PAR

Vte. KERSANTÉ,

PRÉSIDENT DE COMICE AGRICOLE

et Membre corresp^t de la Société Centrale d'Agriculture de France.

DINAN,

DE L'IMPRIMERIE BAZOUGE.

1871.

LA TUNISIE

AUX POINTS DE VUE

POLITIQUE, AGRICOLE & COMMERCIAL.

§ 1er.

LE DÉPART.

Quand on quitte les rivages de France pour aller aborder aux contrées de Massinissa et d'Annibal, on est saisi d'un sentiment de bonheur et d'impatience à la pensée que bientôt apparaîtra, à l'horizon des flots bleus de la mer, la terre où les légions romaines se mesurèrent si longtemps avec les Carthaginois et les Numides.

Aussi, était-ce avec un enthousiasme qu'exaltaient encore tous les souvenirs classiques, que nous embarquions, au mois de juin 1869, à bord du vieux *Kabyle*, beau paquebot des Messageries Impériales, pour voler sur les ailes de la vapeur, vers ces régions historiques, où le courage et le génie de l'armée française nous ont fait une nouvelle patrie ; où, à la place de la barbarie, elle a planté le drapeau de la civilisation, et permis au travail agricole de prendre possession d'une terre fertile que la main de l'homme intelligent n'avait jamais bien cultivée.

Nous allions voir l'état d'une colonisation nationale qu'on nous montre au loin si chétive et si désolée.

Nous allions entendre sa voix, écouter ses souffrances ou partager ses joies. Puis, dans la mesure de nos forces, essayer de nous faire une idée vraie d'une situation mal connue, et qui mérite à un si haut degré les sympathies de la France et de l'Europe.

Nous allions ensuite porter nos pas vers les plaines de Carthage ; visiter les ruines de cette grande cité antique ; parcourir ce territoire de la Tunisie, qui fut autrefois le grenier de l'Europe, et que la renommée nous représente comme la terre sauvage de la corruption, de l'anarchie, de la misère et de l'abrutissement. Nous allions constater par nous-mêmes la vérité ou l'erreur de cette appréciation, et voir si ce pays, jadis si prospère, était destiné à rester aujourd'hui immobile, quand tout marche et progresse autour de lui, et à descendre fatalement tous les degrés d'une si lamentable décadence.

Les peuples qui réagissent contre la marche de la civilisation se suicident ; et nous considérions la Régence de Tunis comme trop voisine du rayonnement de la civilisation européenne pour croire à cette décadence des enfants de Carthage.

Le souvenir de ce grand peuple, et l'impatience de parcourir la terre où brilla sa puissance, nous fit modifier notre itinéraire, en visitant d'abord la Tunisie.

En consignant ici nos impressions sur la situation actuelle et l'avenir de la Tunisie, nous croyons remplir un devoir, et rendre hommage à la vérité.

§ 2.

LE VOYAGE & L'ARRIVÉE.

En quittant la France, aucune crainte d'un climat torride, à cette époque, ne nous agitait. Dans le ravissement de notre âme, et dans l'espérance des joies que devait nous causer ce voyage, nous savourions sur la dunette de ce beau navire le double plaisir de traverser une mer calme et limpide qui balançait ses vagues d'azur sous un ciel sans nuage, et d'éviter les graves tribulations réservées par la nature à tout voyageur qui, pour la première fois, parcourt les domaines de Neptune.

Mais, quand la terre a disparu aux regards ; quand l'homme se voit balancé entre le ciel et l'eau, l'idée de Dieu s'agrandit et inonde son âme ; il sent son existence petite, fragile, impuissante, et comme suspendue à un fil que peut rompre le moindre accident atmosphérique ! Son esprit contemple, dans le grand spectacle qui lui est offert, l'image de l'infini. En présence de cet horizon sans fin, qui s'éloigne sans cesse à mesure que la vapeur le poursuit ; de ce firmament sans borne qui couvre comme d'un pavillon bleu cette immense plaine liquide, la raison de l'homme est confondue ; toutes les sublimes émotions qu'inspirent les beautés de la nature bouillonnent dans son être, et, au lieu de gémir de son néant, il s'incline et admire !

Heureux le voyageur qui, nouveau venu dans ces excursions lointaines, rencontre chaque jour, à chaque heure, près de lui, le regard serein, bienveillant et sympathique d'un Commandant digne de ce nom, qui sait rendre agréable le séjour sur son navire, et qui, doué des qualités et des sentiments de l'homme bien élevé, inspire à tous ses passagers, par sa courtoisie, la reconnaissance, l'estime et la considération.

Cette fortune, nous l'avons eue; ce bonheur, nous l'avons savouré; et le commandant Hourst, qui nous entourait de tant de soins et de prévenances, restera cher à notre souvenir.

Mais les heures s'écoulent, et l'envie d'arriver au port devient de jour en jour plus ardente. A chaque lever d'aurore, à chaque coucher du soleil qui disparaît dans les flots, l'œil du voyageur cherche la silhouette de la terre. Il en est à plusieurs journées encore qu'il cherche sans cesse la terre! Quand arrive le jour indiqué comme le dernier du voyage, il la cherche fiévreusement. Pour lui, le nuage qui passe au loin, c'est la terre! Tout flot qui monte au-dessus du niveau de la mer, c'est la terre!

Non, ce n'est pas la terre: c'est encore une illusion douce; mais elle ne tardera plus à paraître!

Un matin, en effet, quand les ombres de la nuit commencèrent à s'effacer devant les premiers feux que reflétait, vers l'Orient, le fond bleu du firmament, nos regards découvrent au loin comme un long nuage qui semble toucher au ciel et faire saillie sur l'horizon. A mesure que les rayons de l'aurore, qui verse dans ces régions tant de gerbes de lumières, grandissent avec les heures, les contours de ce nuage s'accusent plus vivement; les nuances se multiplient, et sa masse reste immobile, comme pour attendre le navire qui vole vers lui.

Le bruit court de bouche en bouche que c'est enfin la terre. La joie rayonne sur tous les visages, et les malaises de la traversée disparaissent comme par enchantement.

Oui, ce nuage, c'était la terre. Cette terre, c'était la falaise du rivage ; et cette falaise, c'était le cap de Carthage !

Carthage !

Que de souvenirs tu réveilles dans l'âme de quiconque a étudié ton histoire ; applaudi à ton héroïsme et à tes grandes destinées ; parcouru avec émotion le tableau des phases diverses de ton existence ; gémi sur tes revers et pleuré sur ta chute colossale !

Que de grandeurs, de prospérité et de gloire ont rayonné sur ce rivage illustré par tes armes !

C'est sous l'impression de ces émouvants souvenirs, et avec la vénération due aux grandes décadences et aux sublimes infortunes, que notre regard contemplait ces rivages où nos pas fouleraient bientôt le sol d'Annibal.

Après avoir doublé le cap de Carthage, traversé, devant les ruines de cette ville célèbre, les eaux où débarqua Scipion, admiré au milieu de la plaine de Carthage le tertre élevé où fut *Birsa*, et au sommet duquel apparaît aujourd'hui, verdoyant et majestueux, le parc acheté par la France pour renfermer la terre où mourut saint Louis, afin de perpétuer, sur cette terre lointaine, le souvenir d'un grand courage et d'une héroïque piété, on arrive dans la rade de la Goulette, port de Tunis.

Cette rade, située à l'est de Carthage, forme un large golfe entre le cap de Carthage et Si-di-Bou-Saïd à l'ouest, et le Cap-Bon à l'est.

Mais elle est entourée de rivages plats et sablonneux qui se confondent avec la plaine et sur lesquels roulent ses eaux calmes et sans profondeur. Dans les régions du port de la Goulette, cette rade ne présente pas une profondeur de plus de deux mètres, sur une étendue de plus de trois cents mètres, à partir du rivage. Il est donc impossible aux navires d'y aborder, comme au génie maritime d'y établir des quais.

Aussi les paquebots étrangers, qui visitent ce port en si grand nombre chaque semaine, jettent-ils l'ancre à plusieurs kilomètres du rivage, et le service des chargements et déchargements s'exécute par un système de batelage qui présente une organisation assez satisfaisante.

Cette conformation défectueuse des rivages de ce port constitue un obstacle considérable pour le développement des opérations du commerce maritime de la Régence, qui deviendrait très-important, comme nous le prouverons, si l'on arrivait à établir, par des travaux sérieux et bien exécutés, des quais où puissent aborder les navires de tout tonnage.

Cela n'est pas impossible, et le canal de la Goulette, que nous indiquerons ci-après, peut servir de base à la réussite de cette grande amélioration nationale.

De cette rade, l'œil découvre, vers le midi, le plus magnifique panorama. Il contemple avec délices cet immense horizon où s'étagent et se superposent au loin, jusqu'aux confins du ciel, les chaînes des montagnes tunisiennes, dont les crêtes brumeuses s'abaissent, depuis les frontières méridionales, en capricieux amphithéâtres, jusqu'à la plaine de Carthage. Et Tunis resplendit comme un disque blanc, au pied de cet amphithéatre, entre la base verdoyante de ces montagnes et les eaux tranquilles d'un lac où se baignent les derniers degrés de cette ville populeuse.

En effet, au fond de la rade de la Goulette, où mouillent les navires, ce n'est pas Tunis qu'on rencontre sur le rivage ; c'est la petite ville de la Goulette. Tunis est située à 18 kilomètres environ de la mer, au sud de la Goulette, dont elle est séparée par un lac navigable pour les petits bateaux.

Cette dernière ville forme donc, par sa position en face de l'Europe et par la grandeur de sa rade, le port le plus important de la Régence. Cette sentinelle avancée de la capitale d'un peuple dépourvu de forces militaires, est assise sur un isthme formant, entre la rade et le lac de Tunis, une bande de terre qui, comme une chaussée, conduit de la plaine de Carthage, à l'ouest, aux plaines qui entourent la montagne dite de *Plomb*, vers l'est.

La rade et ce lac sont mis en communication par un canal qui traverse la Goulette en forme de rivière, et qui présente une longueur d'environ un kilomètre entre ces deux masses liquides.

En examinant cette situation maritime et la topographie de la Goulette, on croit, au premier abord, qu'au moyen de ce canal et du lac, on peut créer un port à la porte de Tunis.

Malheureusement, c'est une erreur ; car ce lac, qui présente en surface le plus splendide développement, n'accuse pas, dans toute son étendue, une profondeur excédant deux mètres. Il reste donc inaccessible aux grands navires.

Il n'a pas moins de 16 kilomètres de longueur, de

la Goulette à Tunis, sur une largeur d'environ 10 kilomètres.

Mais nous avons conservé la conviction qu'un port maritime, accessible à toute la navigation internationale, peut être créé à la Goulette, malgré les difficultés du terrain. Les anciens vestiges du bassin à flot qu'on remarque vers le milieu du canal dont on vient de parler, et dans lequel se détériore la magnifique frégate offerte par le gouvernement de Louis-Philippe à la Régence, prouve que ce travail a été tenté, et qu'il a pu être poussé assez loin pour qu'un pareil navire ait pu franchir le canal et entrer dans le bassin, aujourd'hui envahi par les sables.

La Goulette peut donc prendre, à juste titre, le nom de port de Tunis, le jour où un système de dragage bien organisé aura rendu ce canal suffisamment profond, de la rade au bassin à flot. Le fond de ce canal est composé de sable fin et se prête admirablement à ce travail d'amélioration. Mais, par ce motif aussi, il se recomblerait promptement, s'il n'était pas l'objet d'un dragage permanent et profond.

Le gouvernement de la Régence, qui a un intérêt si capital à posséder un port maritime accessible à la marine internationale, qui développerait si promptement ses ressources commerciales, ne peut différer à doter la Tunisie de cette grande amélioration.

La Goulette est en outre un poste important de défense pour la Régence. Elle est dans une situation particulièrement avantageuse pour protéger le pays contre toute invasion du dehors.

Entourée, vers la mer, d'une longue forteresse connue sous le nom de *fort de la Goulette*, dont les remparts sont parfaitement armés d'artillerie rayée, elle suffit, avec de bons soldats, pour paralyser longtemps la marche d'une invasion armée. Ces vieux remparts, qui ont subi, au Moyen-Age, les assauts des *Barberousse* et des *Charles-Quint*, entourés d'une mer inaccessible aux flottes modernes, constituent la défense sérieuse de la Régence, qui doit concentrer là tous les efforts du génie national.

Les transports de voyageurs et de marchandises s'exécutent actuellement, entre la mer et Tunis, par voie de terre ou par voie du lac, et par le moyen du batelage dont nous avons parlé. Malheureusement, ces petits bateaux ne suffisent pas à la tâche et sont souvent contrariés par les vents contraires.

On se demande, en voyant ces lenteurs et ces embarras pour correspondre du port à la capitale, et qui préjudicient si profondément au développement du progrès commercial, comment il se fait que cette utile et indispensable navigation soit restée si longtemps vierge de tout bateau à vapeur ?

Quel beau spectacle serait donné à la population, et quel bienfait lui serait assuré par la promptitude des communications, si ce lac précieux, dont les eaux tranquilles ont reflété jadis le luxe des palais carthaginois de l'opulente *Megara*, portait aujourd'hui ces demeures flottantes qu'on appelle des *yatchs* de plaisance, et cette flotte rapide de bateaux à vapeur qui décuplerait le mouvement commercial entre la mer et Tunis !

Nul ne peut concevoir l'importance que donnerait à ce mouvement la création, sur le lac, de la navigation à vapeur. Or, elle y serait d'un établissement aussi facile que lucratif, par ceux-là mêmes qui ont la direction actuelle du batelage impuissant qui décourage les négociants et paralyse les relations internationales du commerce avec Tunis.

L'exactitude dans la livraison des marchandises, qui résulte de la promptitude dans les transports, est la condition la plus essentielle d'une organisation commerciale digne de ce nom.

La Goulette se distingue encore, entre les villes de la Régence, par le privilége qu'elle possède de recevoir chaque année Son Altesse le Bey. C'est là qu'il possède son palais d'été et son établissement particulier de bains de mer. Ce palais est splendide, à l'intérieur, de luxe et de décorations, et le pavillon de bains, qui en est détaché et qui s'élève au-dessus des flots de la mer, constitue un séjour ravissant.

La Goulette contient, au pied de sa forteresse, des bâtiments où sont installées, pendant le séjour du Bey, des succursales de toutes les administrations publiques ; et, dans le palais, une vaste pièce, somptueusement décorée, est réservée aux audiences de la justice du Bey, qui y rend lui-même, le lundi et le samedi de chaque semaine, ses décrets et ses décisions, distribuant personnellement à son peuple les arrêts suprêmes de la justice civile et criminelle.

Rien ne nous a plus frappé, dans ce palais des mœurs orientales, que la solennité, que la majesté de ces assises royales où nous avons eu la faveur d'être admis, et où les sujets viennent demander au chef de l'État la solution de leurs procès et le redressement des actes arbitraires des juridictions locales.

C'est aussi à cette audience, devant le Bey, entouré de ses ministres, que le chef de la police de la Régence traduit les coupables de délits ou de crimes.

Et, en présence de ce spectacle imposant, nous ne pouvions nous soustraire au rapprochement qui s'imposait à notre pensée en voyant, à quelques kilomètres de ce palais, les grands arbres qui ombragent le sol où mourut saint Louis, et sur lequel le gouvernement de Louis-Philippe a élevé la magnifique chapelle consacrée à sa mémoire. Et nous nous disions : lui aussi, à l'ombre du vieux chêne de Vincennes, il rendait à ses sujets reconnaissants les arrêts de la justice populaire !

Le souverain, chez les Musulmans, tient cette juridiction de la loi du Prophète, qui porte (v. 25, ch. 38 du Koran) :

« O David ! nous t'avons établi notre lieutenant sur
» la terre ; prononce donc, dans les différends des
» hommes, avec équité, et garde-toi de suivre tes pas-
» sions ; elles te détourneraient du sentier de Dieu.

» Ceux qui en dévient éprouveront un châtiment ter-
» rible, parce qu'ils n'ont point pensé au jour du ju-
» gement. »

La Goulette est donc un lieu ravissant, en même temps que la véritable porte de la Régence vers l'Europe.

En jetant les yeux sur les terrains qui l'entourent et qui s'étendent vers la plaine de Carthage, on est étonné du besoin d'agrandissement qui pousse la population à construire des maisons et à se fixer dans cette belle contrée.

Les rivages voisins se couvrent de splendides habitations et de jardins ombreux. De la Goulette à Carthage, les plages en sont émaillées. C'est là que les princes Tunisiens ont établi leurs palais d'été, apparaissant comme des perles brillantes, au milieu de vastes parcs de toute magnificence. Celui du *Kasnadar* (*grand visir*) s'élève sur l'emplacement du port de Carthage, recomblé par les siècles. Celui du général Ker-Edine, l'homme le plus affable, le plus courtois, le plus savant et le plus hospitalier qu'on puisse trouver sur la terre étrangère, est élevé sur le rivage, à un point plus rapproché de la Goulette, et il baigne ses derniers degrés dans les flots de la mer !

Mais, si la vue se repose avec délices sur ces palais champêtres, dont la structure grandiose, aux vastes plates-formes, tranche si gracieusement sur le fond verdoyant des parcs qui les entourent, où se marient tous les arbres, toutes les fleurs et toutes les plantes les plus rares, elle ne contemple pas avec moins de bonheur, en se reportant vers la plaine de Carthage qui borde l'autre côté de la route, les abondantes moissons de blé et d'orge qui les couvrent et qui balancent au vent, au-dessus du tombeau d'un grand peuple, comme une mer agitée par la brise, leurs flots d'épis blonds et bien garnis !

§ 3°.

CONSIDÉRATIONS GÉNÉRALES.

Il est donc injuste de méconnaître qu'il existe sur cette terre, autour de ces montagnes et de ces rivages, un mouvement de population et une vie agricole et commerciale dont personne ne peut nier la réalité et l'importance. Et ce mouvement, cette vie qui cherchent à s'épanouir davantage, attestent que la Tunisie se souvient des beaux jours de Carthage et qu'elle peut, à l'ombre d'une administration vigilante, intègre et sagement réformatrice, relever progressivement l'éclat de sa prospérité antique ; réveiller les forces agricoles qui sommeillent dans son sein, et rétablir, sur les bases des productions d'une terre particulièrement fertile, l'édifice de sa force, de sa richesse et de sa puissance.

A ceux qui, éloignés de ses rivages et de ses belles plaines, ou qui, ne l'ayant visitée que superficiellement, ne peuvent juger de ses ressources que par les embarras où l'ont plongée des emprunts onéreux, que le gouvernement du Bey réponde par le spectacle vrai de ses efforts pour soutenir et encourager le mouvement d'émancipation et de progrès économique qui rayonne de toutes parts sur cette terre féconde ! Qu'il leur montre, par des faits, que la vie nationale que l'on proclame éteinte, sous le despotisme et l'anarchie, y est au contraire pleine de sève, et ne demande qu'à secouer un engourdissement, qui n'est pas la mort, sous la chaleur d'une protection et d'une sollicitude plus réelles et plus attentives de la part des pouvoirs publics.

2

Or, Son Altesse le Bey peut trouver, dans le personnel des hauts dignitaires de la Régence et dans ses relations internationales, des hommes capables de seconder ses louables efforts dans cette tâche de régénération nationale. Qu'il choisisse les hommes qui ont donné des preuves de leur savoir, de leur énergie, de leur probité et de sens politique, pour l'aider à remplir cette mission sublime, et la réussite n'en peut être douteuse.

Mais, nous l'avons constaté par nous-même, si le désir de cette régénération, de cette résurrection nationale est général dans la Régence, la tâche de le satisfaire est grande et d'un accomplissement difficile; et le souverain qui l'entreprendra fermement, et qui fera germer et mûrir cette semence réparatrice, en paralysant le développement des plantes parasites qui étouffent celles du progrès, aura inauguré l'ère de la prospérité de la patrie, assuré le bonheur de son peuple, laissé sur cette terre et dans l'histoire un nom béni, et le souvenir de vénération et de reconnaissance qui s'attache aux bienfaiteurs de l'humanité.

Pourquoi refuserait-on à Son Altesse Mohammed-el-Sadach, comme la presse européenne semble l'insinuer, la volonté de prendre l'initiative de ce mouvement civilisateur, et de mériter la gloire de l'avoir soutenu ?

N'a-t-il pas donné à l'Europe des gages nombreux de son désir de régénérer son peuple, de rajeunir les institutions nationales, et de réparer, dans la mesure du possible, les fautes que des besoins d'Etat avaient fait commettre ? N'a-t-il pas fait tous ses efforts pour exécuter des engagements internationaux que des faits de force majeure avaient forcé de laisser en souffrance ?

Ne laisse-t-il pas fleurir sous sa protection, dans toutes les villes où cela est nécessaire, la liberté des cultes, contre laquelle le peuple Arabe est si susceptible ?

N'avons-nous pas vu les offices divins s'accomplir là le 15 août, dans les églises catholiques, avec le même cérémonial et les mêmes facilités qu'en France ?

Ces efforts sont des actes qui prouvent sa sincérité.

Nous avons, du reste, la conviction, par l'examen attentif que nous avons fait des ressources de la Régence et de sa situation financière, qu'elle est en mesure de satisfaire loyalement aux engagements qui la pressent.

L'unification de sa dette publique et l'affectation sérieuse de ses impôts à son acquit donneront, aux créanciers de l'Etat qui ignorent les ressources de la Tunisie, les plus efficaces garanties de remboursement. Mais le devoir du gouvernement d'asseoir ces impôts sur les prescriptions de la loi, pour en assurer la fixité, comme nous le dirons plus loin, doit recevoir d'urgence son accomplissement.

Cessons de voir la Tunisie de loin, à travers les ombres d'une controverse qui l'accable, sans la connaître au point de vue économique, et qui, ne la montrant au monde que sous son aspect politique, la feraient considérer comme un pays sauvage où règne encore la barbarie d'un autre âge.

Voyons-la telle qu'elle est : c'est-à-dire, un pays d'une fertilité providentielle, soumis à un système politique et administratif condamné, mais améliorable, et que l'intérêt de l'Etat oblige à réformer sans retard.

Les nations les plus puissantes et les plus civilisées de l'Europe ont débuté, dans la société humaine, par des institutions politiques défectueuses ; et ce n'est qu'à force de réformes et de progrès qu'elles ont atteint leurs destinées de grandeur et de prospérité actuelles.

Après avoir été témoin du mouvement d'affaires et de populations qui anime si magnifiquement Tunis, la Goulette, la Marsa, Sphax, Bizerte, nous devons à la vérité de dire que ce pays, loin d'être sauvage et désert, présente les plus immenses ressources de toute nature, et constituera une source inépuisable de produits et de richesses pour les hommes laborieux et intelligents qui sauront l'exploiter par le travail, quand il aura subi les réformes sociales que commande son avenir.

En réalisant ces réformes, devant lesquelles il serait coupable de reculer, le gouvernement de la Régence prouvera qu'il comprend enfin que l'autorité souveraine d'un roi, tout en restant ferme et énergique, ne doit jamais cesser d'être juste et équitable ; et qu'elle se fortifie en faisant éclater aux yeux de la nation entière son inébranlable volonté de faire respecter l'égalité de tous les citoyens devant les charges publiques, et de faire triompher le droit contre l'arbitraire, en punissant sévèrement les exactions des fonctionnaires déloyaux. Les réformes qui s'imposent consacreront ces principes et seront la base de la prospérité nationale.

En faisant une guerre acharnée, dans tous les coins de la Régence, aux fraudes, aux malversations et aux iniquités qui tenteraient de se produire ; en octroyant aux peuples les garanties du droit fixé et déterminé par la loi, le gouvernement du Bey, quoi qu'on dise, aura fondé le mouvement civilisateur de son pays, assuré à chaque citoyen le respect de son droit, en montrant la main qui protège à côté de la main qui punit, et ranimé son courage pour le travail utile.

Tunis, particulièrement, donne l'idée de l'importance que prendrait le mouvement commercial du pays, par suite du réveil de ces populations engourdies.

Tunis, aux blanches murailles, est une ville populeuse de plus de 150,000 habitants.

En parcourant ses rues étroites et ses marchés sombres, on ne se douterait pas de son importance. Mais, malgré les calamités qui, depuis quelques années, ont pesé sur la Régence, promenez vos regards sur la physionomie quotidienne de cette cité antique, qui a vu Scipion imposer ses ordres à Carthage ; traversez ses places publiques, parcourez les longs méandres de ses *soucks* (rues couvertes pour le marché au détail), où se trouvent réunis tous les produits des industries nationales ; examinez les flots de cette population mêlée, panachée, amalgamée, de toutes les races humaines, et vous resterez convaincu, à l'aspect de cette activité de tous, Européens, Arabes, Nègres, Maltais, et de ce regard brillant et limpide qui caractérise le Tunisien, et qui porte un cachet si saisissant d'intelligence et de vivacité, qu'il y a, dans la Régence, tous les éléments nécessaires d'une régénération nationale, et les moyens, pour un gouvernement soucieux de sa grandeur et de sa sécurité, d'y faire luire, dans peu d'années, par le développement des progrès agricoles, industriels et commerciaux, précédés de réformes sociales, le soleil radieux des beaux jours de la prospérité carthaginoise.

C'est un devoir, pour quiconque sent vibrer dans son âme l'amour du bonheur des peuples et de la prospérité des Etats, d'exprimer hautement ses idées sur les moyens d'atteindre ce grand but humanitaire et civilisateur.

Aussi, laissant de côté les considérations historiques si intéressantes que nous aurions à formuler sur cette terre illustre, sommes-nous heureux de dire notre pensée sur l'avenir de la Tunisie, tel que nous l'avons conçu, aux points de vue social, politique et économique ; et de compléter ce que nous avons dit déjà, par l'indication des moyens et des ressources que la Providence met aux mains de la Régence pour assurer cette prospérité.

§ 4.

MOYENS D'ARRIVER A LA PROSPÉRITÉ DE LA RÉGENCE.

Nous nous renfermerons à cet égard dans les considérations qui touchent :

1°. Aux réformes politiques commandées par la marche du progrès général et par la saine raison ;

2°. Au droit de propriété et de possession du sol ;

3°. A la législation sur la transmission des biens en général, à titre-onéreux, à titre héréditaire et à titre testamentaire ;

4°. A la législation et aux usages concernant l'exploitation et la location du sol ;

5°. A l'organisation du travail agricole et industriel, et à l'œuvre des améliorations intérieures d'intérêt public ;

6°. Et à la diversité de productions dont la Régence est susceptible.

Nous croyons à la résurrection de ce pays privilégié ; et quiconque l'a parcouru et examiné, partagera notre foi.

CHAPITRE I.

DES RÉFORMES GÉNÉRALES.

Dans les temps modernes, il n'est point intervenu, en Tunisie, de législation nouvelle dans le but de régler et asseoir le droit de la propriété individuelle sur des bases fixes, positives, à l'abri de l'arbitraire, comme il est arrivé dans presque tous les états européens.

Or, sans cette fixité du droit de propriété, le plus important pour un peuple, après celui de la liberté individuelle, sans son inviolabilité consacrée et protégée par la loi qui donne à chacun la certitude que la chose qu'il a crue sienne et qu'il a améliorée et transformée par son travail ne deviendra pas la chose d'autrui, sans sa volonté, il n'y a pas de progrès agricole, industriel ou commercial possible ; et, par conséquent, pas de prospérité réelle dans l'Etat.

De plus, si la liberté individuelle n'est pas garantie par la loi, ni respectée par le pouvoir exécutif de l'Etat ; si les charges des citoyens envers la nation n'ont pas pour base l'égalité de tous les citoyens devant la loi, et si l'arbitraire prend la place du droit, l'ambition de progresser, qui est le stimulant du travail, et le principe de toute civilisation disparaît dans le peuple ; l'activité du travail et l'émulation qui la soutient, s'émoussent et se découragent ; la nature vive et robuste de toute une population s'affaisse dans les habitudes du désœuvrement et de la misère, et l'Etat, qui manque ainsi au devoir de développer et fortifier les initiatives laborieuses et l'émulation du peuple, reste des siècles stationnaire, sans ressources et sans prestige !

Son Altesse Mohammed-el-Sadack, Bey de Tunis, avait bien compris le péril de cette immobilité, et l'importance d'une réforme des traditions et usages sociaux et civils de la Régence. Dès le début de son règne, il jugea utile de procéder à cette réforme, et il promulgua la constitution de 1860, basée sur les principes libéraux et civilisateurs des constitutions européennes.

Cet acte d'un prince qui comprenait les nécessités de son époque et l'intérêt de son peuple, apportait un changement capital dans l'ordre politique et social de la Régence.

Substituant la loi à l'arbitraire et à la pratique de tous les abus du pouvoir, elle inaugurait, dans l'Etat, le règne de la justice et du droit. Elle consacrait une amélioration sans précédents dans les traditions séculaires et anti-civilisatrices des peuples arabes, et devait marquer l'heure où tout un peuple stationnaire allait enfin attacher le sort de son avenir au char de la civilisation qui entraîne aujourd'hui les Empires, d'une manière si irrésistible, vers les horizons où rayonnent les lumières du génie moderne.

Malheureusement, ce magnifique et louable effort d'un prince qui n'avait plus besoin que du concours d'hommes de talent, de désintéressement et de probité, pour fonder la prospérité de son pays, ne rencontra pas alors un accueil suffisamment empressé de la part d'une aristocratie qui ne voyait pas sans regrets disparaître des traditions à l'ombre desquelles coulaient si abondamment les sources de sa splendide opulence. Cette hostilité, secondée par les calamités publiques, les maladies et la disette, paralysa l'application régulière des

institutions nouvelles. En outre, sous l'influence des
misères que ces calamités avaient semées dans le pays,
les impôts rentraient mal ; les populations mécontentes
se refusaient au paiement, et la Régence se débattait
sous le poids de dettes exigibles que le Bey actuel
n'avait pas créées, mais qu'il était contraint de subir.
Alors, la malveillance profita de ce mécontentement
pour mettre une partie des misères publiques à la charge
des institutions nouvelles ; et elle fit naître dans les
tribus une agitation sérieuse, devant laquelle il fut
prudent d'en suspendre la pratique.

Mais cette défaillance, dont on a vu les désastreux
résultats, doit aujourd'hui faire place à l'énergique
volonté de faire revivre, en les perfectionnant, les institutions si laborieusement et sagement préparées.

Chez les peuples où la loi civile s'est toujours confondue avec la loi religieuse, comme chez les peuples
soumis à la religion du Prophète, l'homme d'Etat, qui
entreprend la tâche d'améliorer les institutions nationales, doit y procéder avec une perspicacité, un tact
et une science propres à les faire accepter comme une
transition nécessaire, sans trouble ni secousse.

Rien n'est susceptible, ni irritable, comme le sentiment religieux d'un peuple attaché à ses anciennes traditions. Et quand la loi, qui règle sa vie civile, y
est suspendue, ce n'est qu'en côtoyant les écueils, en
ménageant les susceptibilités, et en procédant progressivement et sans coup d'éclat que le prince, qui a la
conscience de la nécessité des réformes qu'il poursuit,
arrive à les réaliser. Et l'on doit rendre à Son Altesse
Mohammed-el-Sadack le témoignage qu'il avait su comprendre ces nécessités, et l'encourager aujourd'hui à

poursuivre des réformes qui peuvent fleurir sous les auspices de sa sollicitude et régénérer son pays.

En attendant, la Régence reste engourdie, dans l'inertie et l'étiolement, sous les traditions et les usages, plus religieux que civils, que le Koran a implantés dans les peuples arabes. Nous essaierons d'en faire ressortir les côtés saillants.

CHAPITRE II.

DU DROIT DE PROPRIÉTÉ ACTUEL.

Au point de vue du droit de propriété, la terre appartient :

Aux particuliers ;

A la Tribu ;

A l'Eglise, dont l'idée se confond avec celle de Dieu : *Allah !*

A l'Etat.

I. L'Arabe vit généralement sous la tente.

Cependant, en parcourant les magnifiques plaines de la Tunisie, qu'ombragent des plantations d'oliviers luxuriants de verdure, on rencontre de temps en temps des fermes construites à l'européenne, entourées de hautes murailles, à l'abri desquelles d'innombrables troupeaux viennent passer la nuit, et défier les attaques du *chacal* et de la *hyène*. Mais ces constructions sont rares et constituent le signe que les terres qui les entourent appartiennent à l'aristocratie tunisienne, qui en confie la gérance à des représentants, comme nous le verrons en parlant du droit de bail. Il y a donc un droit de propriété pour l'indigène.

II. Le droit de propriété, attribué à la Tribu, n'est le plus souvent que fictif. La force des choses fait que, sous une apparence de collectivité de possession, les nécessités et les avantages de la possession privée se manifestent ; attachent le cultivateur au terrain qu'il a labouré, paccagé et arrosé de ses sueurs, lui enlèvent le goût de la vie nomade et lui inspirent l'idée de concentrer ses efforts sur un sol qu'il ne veut plus quitter, sauf à payer à la Tribu les redevances ordinaires.

Rien n'est donc plus facile, pour le gouvernement de la Régence, que de faire passer à l'état de fait accompli ce qui est en germe dans la permanence de la possession ; de faire de la propriété collective des tribus, par la division des terres, par le morcellement et la vente, la propriété privée des habitants, qui constitue le plus puissant stimulant du progrès agricole. Les portions non vendues seraient affermées à long bail, sous des conditions qui permettraient toutes les améliorations nécessaires ; car le propriétaire qui est maître de la terre qu'il exploite ou fait exploiter, y consacre des soins tout particuliers. Or, la terre qui appartient aux particuliers peut, en Tunisie, être l'objet de vente ou d'échange, entre indigènes seulement. Le droit de propriété est interdit aux étrangers.

Pour assurer la sécurité de ces conventions, il existe des officiers publics, des notaires, chargés de conférer l'authenticité aux actes et aux transactions de la vie privée. Et ces notaires arabes, qui ont juré sur le Koran de rester fidèles à la mission publique qu'ils ont acceptée, violent si rarement leur devoir de sincérité, qu'il est presque inconnu que de pareilles défaillances se soient produites. Dans ce cas, le notaire subit des peines corporelles d'une sévérité barbare.

On est heureux de trouver établie, sur cette terre méconnue, l'institution sérieuse de l'une des plus utiles magistratures de l'Europe, *le notariat*, sur lequel repose la paix des familles, le respect du droit de propriété, l'harmonie des intérêts, et les bases de la prospérité agricole.

Mais si la propriété peut être ainsi transmise à titre onéreux, entre Tunisiens, il est incompréhensible que ce droit soit interdit à l'égard de l'étranger, qui ne peut féconder ce sol par son travail qu'à titre de locataire ou fermier.

Cette interdiction est l'un des vices les plus désastreux d'un état de choses séculaire que condamnent aujourd'hui le bon sens public, comme l'expérience et la raison, car l'admission des étrangers à posséder le sol est un principe de progrès.

C'est aujourd'hui un devoir éminemment patriotique, pour tout gouvernement qui veut fonder la prospérité de son pays, d'accueillir et de s'attacher les hommes de génie, les hommes laborieux, les hommes d'action qui se présentent pour offrir leur travail, et pour concourir au développement du progrès agricole, quelles que soient leur origine et leur nationalité. C'est en ouvrant largement la porte du droit de propriété privée à l'étranger comme à l'indigène que la Régence excitera chez elle l'émulation du travail fructueux, et qu'elle accélerera l'avénement de la prospérité nationale.

III. Le droit de propriété de l'Eglise constitue le domaine du *culte*, le domaine *sacré*.

Il est administré par les fonctionnaires du culte, qui possède sa caisse et son organisation administrative spéciale, et parfaitement distincte et indépendante de l'administration civile.

A cet égard, le culte constitue un véritable état dans l'Etat ; il y est inviolable et souverain ; et ce caractère d'inviolabilité en fait le refuge du droit et de l'équité, contre l'injustice des traditions ; et le Palladium des héritages particuliers que ces traditions transféreraient au domaine public, comme nous le verrons plus loin, en déshéritant la famille.

IV. Enfin, le domaine de l'Etat est administré en régie. Les terres qui en dépendent sont affermées aux particuliers. Mais ces biens ne produisent que de minimes revenus ; car, dans l'affaissement du travail national dont nous plaidons le réveil, ces terres sont affermées à vil prix.

Si le droit de propriété individuel était régularisé et garanti ; s'il était étendu à l'étranger, dont il exciterait le zèle, l'Etat pourrait mettre en vente successivement ces vastes étendues de terres vierges, dont la fertilité est proverbiale, et qui, dans la situation actuelle, ne produisent presque rien au trésor public.

Il trouverait, dans les prix d'aliénations, un capital important ; il ouvrirait la voie au progrès agricole et industriel ; et il s'assurerait, par l'assiette d'un impôt, même modéré et fixe, sur les terres vendues et améliorées par le travail, un revenu considérable et assuré, tout en recevant le capital disponible des prix de vente, qui suffirait à éteindre la dette publique et à faire face aux améliorations urgentes, sans gêne pour les finances de l'Etat.

Tel serait l'effet certain des réformes qui s'imposent

aujourd'hui au gouvernement de la Régence dans l'ordre économique.

V. Après avoir indiqué que, en Tunisie, on peut posséder le sol à titre de propriété, nous essaierons de rechercher comment il peut être transmis à titre gratuit et héréditaire.

Sous l'empire des traditions qui font loi dans la Régence, appuyées sur la loi religieuse, la dévolution des héritages a lieu dans des conditions qui trouvent peu d'analogie avec les principes du droit européen.

1°. Les enfants mâles héritent de toute la succession, à l'exclusion des filles.

Cette règle inique est basée sur cette idée, qui remonte aux premiers âges de l'Islamisme : que les biens doivent appartenir à ceux qui assument la charge de porter les armes contre l'ennemi.

2°. S'il n'existe que des filles, elles héritent d'un tiers de la succession, dont le surplus est dévolu à l'Etat.

La femme est donc restée là dans une condition qui sent toujours l'esclavage.

D'après la loi du Prophète, dont l'interprétation des siècles et les convenances politiques ont fait dévier l'esprit, la dévolution des héritages devait avoir lieu d'une manière plus équitable.

Le fils devait avoir la même part que deux filles.

S'il n'existait pas de garçons, les filles devaient avoir les deux tiers, et l'Etat un tiers.

S'il n'existait qu'une fille, elle devait avoir droit à la moitié.

Les père et mère du défunt mort sans enfants, ni frère, devaient hériter des deux tiers.

S'il laissait des enfants, les père et mère hériteraient tout de même d'un sixième chacun.

Le mari devait hériter de la moitié de la succession de sa femme morte sans postérité, et d'un quart seulement si elle laissait des enfants. (Ch. 4, v. 12, 13, 14 et 15 du Koran.)

Nous voyons donc que ces législations sont loin des principes du droit moderne, qui consacre l'égalité de tous les enfants devant l'héritage paternel.

Mais. ne peut-on pas faire le même reproche à la législation de plusieurs nations européennes qui marchent à la tête de la civilisation, et qui conservent dans la pratique de leur droit les iniquités que nous signalons dans les pays arabes ? Oui, sans doute !

Heureusement que, dans la Tunisie, comme dans ces états européens, à cet égard stationnaire, la conscience publique, et l'esprit de justice et d'équité qui est inhérent à la nature humaine, luttent incessamment contre l'imperfection de la loi, et sont parvenus à procurer au père de famille des moyens indirects de paralyser cette iniquité.

En effet, en Tunisie, l'Eglise est, comme nous l'avons vu, capable de posséder et de recevoir, à titre privé ; et son domaine est sacré et exempt de toute atteinte de la part des pouvoirs civils. Elle est libre au sein de l'Etat. Alors, quand un père de famille ne possède pas d'enfant mâle, ou bien, qu'en possédant. il veut laisser à tous ses enfants les biens qui composeront son héritage, il y parvient en instituant l'Eglise, sous forme hypothécaire, pour sa légataire universelle. La loi lui en accorde le droit. (Ch. 5, v. 105 du Koran.)

Par ce moyen, l'Eglise devient nue-propriétaire de l'héritage dont la jouissance, ou possession utile, reste appartenir à la famille.

Une fois son avoir ainsi confié à l'administration du culte, soit au nom de l'Eglise, soit au nom d'un des *Saints*, dont les tombeaux se dressent épars et en si grand nombre sur le territoire de la Régence, l'Etat n'y a plus aucun droit ; et, cependant, l'héritage ne devient la propriété définitive de l'Eglise ou du *Saint*, qu'après l'extinction totale de la famille du défunt. Elle en a tous les bénéfices.

C'est ainsi que, chez les Romains, les injustices et les sévérités de la loi des *Douze Tables* avaient contraint le Préteur à éluder ou modifier ses prescriptions par des moyens indirects, basés sur l'équité naturelle ; et qu'en Angleterre, la loi despotique qui régit la dévolution des successions, d'une manière si contraire aux principes chrétiens, trouve, dans la précieuse liberté du droit de *tester*, un rectificatif nécessaire, et qui explique comment une pareille législation peut encore exister au 19° siècle chez un peuple placé à la tête de toutes les libertés politiques.

CHAPITRE III.

ADMISSION DE L'ÉTRANGER A POSSÉDER.

Il y a donc en Tunisie, dans les limites que nous venons d'indiquer, un droit de propriété individuel garanti par la loi. Pourquoi donc ne pas l'étendre, le modifier et le régulariser suivant les besoins de l'époque et les principes de la justice naturelle et de l'équité ? Pourquoi ne pas l'accorder aux étrangers, sous la condition de déférence et d'obéissance aux lois réformées du pays ?

Les nécessités, comme l'intérêt de la Régence, le commandent. Modifier avec sagesse les usages qui s'opposeraient à ces améliorations ; décréter les lois civilisatrices à l'ombre desquelles la vie publique et le mouvement des affaires pourront s'épanouir, et protéger et aider l'initiative individuelle des fructueuses entreprises, telle est la voie à suivre pour arriver par le progrès à la prospérité de la Régence.

CHAPITRE IV.

EXPLOITATION ET DROIT DE BAIL.

Le droit de bail est la conséquence du droit individuel de propriété. Aussi est-il reconnu et pratiqué en Tunisie comme en Europe.

Nous allons rappeler les principales formes que revêt ce contrat.

Le propriétaire exploite lui-même sa terre ;

Ou bien il en confie l'exploitation à un gérant qui n'est que son représentant salarié ;

Ou bien il l'afferme à un cultivateur (*fellah*), moyennant une rétribution fixe par an, en nature ou en argent ;

Ou bien il l'afferme moyennant le travail seulement et la surveillance du *fellah.*

Ou bien enfin il l'afferme sous la condition que le fermier en fera tous les travaux et qu'il fournira la moitié des semences et tous les engrais.

I. Dans le premier cas, le propriétaire exploite au moyen d'ouvriers pris à la tâche ou à la journée.

II. Dans le second cas, le propriétaire fournit au gérant tout le matériel d'exploitation et les semences; et la totalité de la récolte et du produit de l'exploitation appartient au propriétaire, qui ne doit au gérant que ses émoluments, la subsistance et le logement.

Ce mode d'exploitation, qui a surtout pour objet les propriétés bâties, est le plus productif pour le propriétaire.

Le souvenir d'une nuit passée dans une ferme gérée de cette façon, au milieu des plaines de la Tunisie, pendant nos excursions, nous restera toujours cher. Le gérant, beau Tunisien d'une trentaine d'années, entouré d'un nombreux personnel de toutes races, y remplit envers nous les devoirs de l'hospitalité avec une prévenance et une générosité que le voyageur trouverait difficilement en Europe ! Sous le toit arabe, l'étranger revêt un caractère sacré. Il y est inviolable.

A cet égard, il n'y a pas à comparer les pays arabes autonomes avec notre Algérie, où l'Arabe garde dans le cœur le souvenir haineux de la conquête européenne.

III. Dans le troisième cas, le fermier (*khamès*), a la possession entière des terres pendant toute la durée du bail, à la charge d'en exécuter les conditions et de payer chaque année le prix convenu. Tous les produits de l'exploitation lui appartiennent.

IV. Dans le quatrième cas, le propriétaire fournit au *khamès*, nanti de son matériel, les engrais et la semence, en y comprenant les engrais produits sur la terre. Puis, lorsque la récolte est terminée par le fermier, qui doit tous les travaux, le produit en appartient :

1°. Pour quatre cinquièmes, au propriétaire ;

2°. Pour un cinquième, au *khamès.*

V. Dans le cinquième cas, le fermier fait tous les travaux de l'exploitation, comme dans le quatrième, et, de plus, il fournit la moitié des semences.

Puis, la récolte terminée, le produit en appartient :

1°. Pour moitié au propriétaire ;

2°. Et pour l'autre moitié au fermier.

Comme on le voit, ces formes du bail ont beaucoup d'analogie avec celles pratiquées en Europe.

A l'ombre du droit essentiel de la propriété privée, réglé et protégé par une législation nouvelle, ayant ainsi, pour corollaire, la réglementation du droit de bail, qui n'est que le mode d'organisation rationnelle du travail agricole, le cultivateur, qui s'étiole aujourd'hui dans le désœuvrement, et qui s'use souvent dans les habitudes du vice, faute de direction, d'encouragement et de protection, se formera au travail agricole ; se relèvera de l'abjection où il croupit, et sentira bien vite, en voyant son aisance couler de son initiative, et la misère faire place à l'abondance, qu'il a en main l'instrument de sa fortune, et qu'il dépend de lui d'assurer le bonheur de son existence.

Et la main de l'homme d'Etat qui aura dirigé cette politique de progrès, quand tout semble se dissoudre en Europe, restera bénie des populations satisfaites.

CHAPITRE V.

DES MÉTHODES DE CULTURE DU SOL.

Mais, pour que le progrès agricole, qui résultera sûrement des réformes dont nous plaidons la cause, ne subisse aucun temps d'arrêt, il devra s'appuyer sur la pratique culturale qui constitue l'une des principales conditions de réussite de toute exploitation, à savoir : la *réglementation des assolements.*

En Tunisie, les terrains sont tellement vastes, pour une culture peu étendue, qu'on y remarque une absence totale d'assolements, c'est-à-dire, de cette alternance, si précieuse en agriculture , qui veut qu'une terre qui a produit une récolte d'une certaine espèce, n'en soit plus ensemencée qu'après un nombre d'années déterminé et réglé sur sa fertilité.

Cette alternance ou assolement repose sur ce fait : que chaque espèce de plantes agricoles puise dans la terre les sucs qui lui conviennent, y laissant intacts d'autres sucs dont se nourrit une plante d'une espèce différente. Et cette alternance empêche l'épuisement de la fertilité du sol.

Cette loi sera strictement observée aussitôt que le droit individuel et sérieux de propriété aura été régularisé, et que le cultivateur aura la certitude que, dans la fécondité de la terre qu'il cultive, réside le trésor de son avenir. Il apportera tous ses soins à maintenir cette fécondité et à s'instruire sur les principes les plus indispensables de l'agriculture pratique. On verra les propriétés individuelles se limiter, se circonscrire et s'orner de constructions et de plantations de toute nature. Et, si le droit de propriété était étendu aux étrangers, comme le commande l'avenir brillant de la Régence, les colons arriveraient en foule sur cette terre d'élite ; y donneraient l'exemple des bonnes pratiques et des meilleures méthodes agricoles ; l'exemple donné serait suivi ; et très-promptement l'agriculture, pour laquelle ce pays semble créé, et qui est la base indiscutable de toute prospérité nationale, y serait florissante et forte.

La seule trace de l'idée de l'assolement, que nous ayons trouvée en Tunisie, consiste dans le fait que beaucoup de cultivateurs coupent leurs céréales par la moitié, comme en Bretagne, de sorte qu'après l'enlèvement de la moisson, plus de la moitié du chaume reste attachée à la terre, qui, sous cette couverture, demeure pendant quatre ans en jachère.

Il y a là, chez l'Arabe, la preuve qu'il a une certaine idée de la loi de restitution au sol des éléments fertilisateurs enlevés par une récolte ; restitution de ces éléments : par la nature, qui les contient tant dans l'atmosphère que dans le sous-sol, et qu'un espace de quelque temps lui fait rendre à la terre ; et par le fait de l'homme qui, en reportant sur cette terre les pailles qu'elle a produites, lui rend une partie des sucs que ces pailles avaient absorbés dans leur croissance.

En effet, en laissant ainsi, presque en totalité, la paille attachée au sol, elle protége, contre les ardeurs du soleil, les herbes destinées au pacage des troupeaux. Puis, ces nombreux troupeaux, qui parcourent ces chaumes dont ils mangent une partie avec les herbes qu'ils récèlent, foulent le surplus sur le sol ; le pétrissent, dans les saisons de pluies, avec leurs excréments et la terre , et assurent au sol cultivable un engrais fait sur place, et qui lui ferait défaut dans la situation nomade des Arabes, sans habitations bâties.

Le cultivateur tunisien peut donc être facilement façonné à la pratique des bonnes méthodes agricoles, quand l'impulsion de cette grande industrie de l'agriculture partira des pouvoirs publics de l'Etat.

CHAPITRE VI.

DE L'IMPERFECTION DES INSTRUMENTS ARATOIRES.

Si , de ces considérations, qui concernent plus particulièrement le traitement des terres et les règles d'organisation culturale, nous passons à l'examen des instruments aratoires , nous les trouvons d'une imperfection telle, qu'ils portent encore le cachet, à quelques exceptions près, des premiers âges de la culture du sol. En voyant opérer les labours, qui ne sont qu'une déchirure superficielle de la surface du sol, et le battage des grains au galop des mules, on est surpris du rendement des récoltes obtenues par ces moyens rudimentaires , et l'on prévoit ce que serait le produit, dans ce pays, d'une culture faite dans les conditions actuelles de la véritable science agronomique !

Belle Tunis ! si tu sais organiser le travail agricole et industriel, et briser, devant le fleuve commercial du pays, les digues qui arrêtent son cours, l'avenir te tend les bras, resplendissant de grandeur et de prospérité !

CHAPITRE VII.

DES DIVERSES PRODUCTIONS DE LA TUNISIE.

La vieille terre carthaginoise, en effet, est une terre privilégiée pour les productions diverses, et avec laquelle peu de contrées peuvent lutter sur le globe.

Jusqu'à présent, dans l'atonie où sommeillent toutes les forces vives de la nation, et toutes les initiatives individuelles, *le Fellah* tunisien n'a demandé au sol que les produits dont son alimentation quotidienne lui suggère le besoin. Rarement ses vues se sont portées, en dehors des plantations d'oliviers, sur les productions du sol que les nations étrangères seraient venues lui acheter à des prix si largement rémunérateurs pour ses travaux.

Pourquoi cela ?

Parce que le mouvement commercial doit soutenir le mouvement de la production agricole ; et que là où l'écoulement du produit est arrêté aux frontières de l'état, l'émulation du producteur reste paralysée et sans ardeur.

Les réformes des institutions nationales donneront la vie à tous ces mouvements, si elles s'accomplissent.

Alors, le développement du progrès agricole entraînera la mise en pratique de la culture de tous les produits qui peuvent concourir, sur ce sol fertile, à fonder la prospérité de la Régence. Et l'on verra promptement fleurir, à côté de l'olivier, du blé, de l'orge, du maïs, et des fèves, qui constituent presque seuls aujourd'hui les produits de la Tunisie, la culture des produits suivants, savoir :

1° Le coton ;

2° La canne à sucre ;

3° Les muriers et l'élevage des vers à soie ;

4° La vigne ;

5° Le lin ;

6° La garance ;

7° Le figuier ;

8° L'oranger ;

9° Le tabac ;

10° Le grenadier ;

11° Le bananier ;

12° Les pommes de terre ;

13° Les racines fourragères ;

14° L'avoine ;

15° Les foins, etc.

La possibilité d'obtenir tous ces produits de son sol est déjà, pour un pays, un trésor d'avenir. La Tunisie en est susceptible. Une bonne agriculture le prouverait.

I. Le coton, dont l'Amérique a le monopole, et qui constitue aujourd'hui la matière première la plus indispensable pour l'alimentation de la majeure partie des industries européennes, prospère en Tunisie, aussi bien que dans les meilleures contrées américaines ; et il y présente des produits d'une qualité supérieure.

Aussi, l'Angleterre, si attentive à sauvegarder les intérêts économiques de ses peuples, n'a-t-elle cessé de solliciter le droit de propriété individuel, en Tunisie, au profit des étrangers, pour y envoyer de suite des pionniers de la culture cotonnière, destinés à l'exploiter sur une grande échelle. Il en eût été ainsi des autres nations européennes.

Et si, au moment de la guerre d'Amérique, où le coton manquait à ses fabriques colossales, l'Angleterre eût obtenu ce droit qu'elle sollicitait si ardemment alors, nous verrions aujourd'hui fleurir, dans les belles plaines en friche de la Régence, des exploitations agricoles de coton et autres produits qui surprendraient par l'abondance et la magnificence de leur rendement ! Et l'impôt que la Régence aurait le droit d'asseoir, comme nous l'avons dit, non sur le produit insaisissable, mais sur le territoire ainsi amélioré, constituerait déjà pour le trésor national une source de revenus fixes annuels, et non aléatoires, d'une grande importance ; et ces revenus sérieux proclameraient mieux que toutes les théories creuses, que la liberté et la protection publique du travail, quel qu'en soit le soldat, sont les éléments fondamentaux de la fortune nationale.

II. La canne à sucre, dont l'Europe va chercher au loin les produits, qui lui sont aujourd'hui indispensables, prospère également d'une manière exceptionnelle sur ce sol d'élite. Bien que la culture n'en ait été pratiquée que comme essais par quelques hommes de progrès, tels que le général Ker-Edine, qui savent concilier les soins de la politique avec l'importance de l'étude des améliorations d'intérêt général, ces essais ont suffi pour établir combien grande sera l'abondance de cette production, quand cette culture y sera pratiquée sur une grande échelle, par des hommes compétents. Les belles touffes que nous avons examinées dans le beau jardin du palais d'été du général, où nous avons reçu un si sympathique accueil, nous ont convaincu qu'il y a dans cette culture une grande source de richesses pour la Régence. Cette culture est simple et peu dispendieuse.

III. Le mûrier présente aussi sur cette terre la plus luxuriante végétation ; et la *céciciculture* trouverait dans son importation sur ce sol le plus inépuisable aliment.

Des expériences d'une longue haleine ont démontré non seulement que ce produit s'y maintient abondant, mais aussi qu'il est éminemment propre à l'alimentation du vers à soie ; que ce vers précieux y prospère bien ; s'y conserve sain et exempt de maladie, malgré les imperfections de l'installation, avec une permanence qui ne se dément pas.

Or, quand on voit, depuis si longues années, les efforts les plus louables et les plus énergiques des hommes qui sentent l'importance de cette industrie, s'attacher à chercher, dans un grand intérêt public, les moyens de remédier à la dégénérescence des vers à soie en France, et d'arrêter le développement de ce mal qui menace de ruiner l'une de ses plus précieuses industries, l'on comprend combien il est urgent de signaler qu'en Tunisie, aux portes de l'Europe, on peut obtenir la plus abondante production de cocons désirable, au lieu d'aller les quérir à grands frais jusqu'aux rives du Japon.

IV. La Régence présente, pour les autres productions, la même aptitude et la même fertilité.

CHAPITRE VIII.

DES RICHESSES MINÉRALES ET FORESTIÈRES.

Mais, à côté des produits de l'agriculture, la Tunisie offre une autre source d'aliment inépuisable au commerce et à l'industrie. Elle possède, en grande quantité, des mines de métaux et des forêts de chênes-liéges. Argent, cuivre, plomb et fer abondent dans ces montagnes, et ne demandent que des bras et du génie pour les extraire, et des usines pour les transformer en trésors splendidement rémunérateurs pour les travailleurs tunisiens.

Pourquoi donc, en possession de tant d'éléments de richesse et de puissance, la Tunisie reste-t-elle si longtemps rebelle aux incursions de tous les progrès modernes ?

C'est parce que le vent de la civilisation n'a point encore soufflé avec assez de force sur ses rivages, d'où partait jadis l'impulsion des grandes entreprises. C'est parce que les aspirations libérales, sages et régénératrices de Son Altesse Mohammed-el-Sadack, et de ses conseillers prévoyants, manifestées par des tentatives que nous avons louées, n'ont pu être encore réalisées !

Mais le temps est un grand réformateur. Sous son aile, l'appréciation plus réfléchie des choses, jointe à l'expérience des faits, modifie les idées ; et nul doute qu'aujourd'hui, les hommes éclairés et fermes qui prêtent au Bey le concours public de leur science politique, et qui ont en main les destinées de la Régence, ne s'attachent à la faire sortir de l'état stationnaire où elle croupit, en la guidant vers les horizons du progrès.

CHAPITRE IX.

DES APTITUDES DES TUNISIENS POUR LE TRAVAIL.

Mais, dit-on, pour fonder dans un pays, sur les bases du progrès, l'industrie agricole, il faut que ce pays soit en mesure de fournir au travail la main-d'œuvre nécessaire pour remuer et transformer ce sol, et pour soutenir la marche des exploitations qui y seraient créées! Or, les indigènes ne sont point façonnés aux travaux de longue haleine, et l'agriculture ne pourrait s'y développer, faute de bras, non plus que l'industrie !

C'est là une grave erreur.

La nature des habitants de la Tunisie n'est point cette nature vagabonde et paresseuse dont on se plaît au loin à doter les populations arabes sans distinction. Si les Carthaginois ont montré aux fières armées de Rome un courage, un génie et une vigilance qui ont longtemps balancé sa fortune, leurs descendants sont restés sur ce sol illustre, et leur sang coule encore dans les veines d'une grande partie de la population tunisienne.

Aussi, l'observateur remarque-t-il dans la robuste nature de cette population engourdie, faute d'impulsion et de protection, ce cachet d'intelligence, de fierté, de finesse et de vivacité qui se révèle au contact du moindre intérêt, et qui est le signe des peuples destinés à suivre, tôt ou tard, le char du progrès. Si donc ce peuple était excité au travail agricole et industriel, par le spectacle de bonnes et équitables institutions, par la certitude que la main du fisc ne pourrait plus lui ravir qu'une part déterminée des produits de son labeur, et par la foi qu'il rencontrera toujours dans les pouvoirs publics une autorité qui protége le droit contre les entreprises de l'arbitraire, il sortirait bien vite de son indifférence, s'adonnerait, avec ardeur, aux travaux fructueux de l'agriculture, de l'industrie et du commerce, pour lesquels il possède des aptitudes particulières, et transformerait la physionomie économique du pays. Cette ardeur se propagerait dans les masses, et la main-d'œuvre deviendrait aussi abondante que vigoureuse et intelligente.

Aujourd'hui, cette main-d'œuvre ne fait nullement défaut dans la Régence ; elle manque seulement de cette énergie que lui communiquerait la certitude d'une bonne rémunération et d'un bon traitement. Aussi y est-elle à vil prix.

CHAPITRE X.

FRAIS ACTUELS DU TRAVAIL AGRICOLE.

On peut obtenir toutes les façons annuelles d'un hectare de vigne pour 72 fr., pendant que, dans la province de Constantine, où elles sont également opérées par la main-d'œuvre arabe, elles coûtent plus de 200 fr.

Les frais de culture pour céréales ou autre ensemencement ne dépassent pas, en Tunisie, 70 fr. par hectare.

La main-d'œuvre, au lieu d'être chère, est donc très modérée, et permettrait à l'agriculteur intelligent de réaliser sur ce sol, tout en élevant grandement le prix de la main-d'œuvre, pour lui rendre plus d'ardeur, des bénéfices considérables.

Le matériel d'exploitation est également peu coûteux, et presque tous les travaux peuvent être exécutés avec l'emploi des bœufs.

Or, une bonne paire de bœufs coûte 160 fr.

Une paire de mules, 180 fr.

Une vache, 60 fr.

Un mouton, 6 fr.

L'agriculteur peut donc organiser son exploitation à peu de frais, comparativement à ce qu'il lui en coûte en Europe.

En outre, si le travail général recevait ainsi des pouvoirs publics l'impulsion qui lui est nécessaire, on verrait promptement se former dans le peuple, entre les petits propriétaires, ces associations du travail agricole qui, en diminuant pour chacun, par la pratique de la mutualité, la somme de main-d'œuvre et de matériel dont il aurait besoin, s'il restait livré à ses propres forces, donnerait le moyen d'accomplir, sans retard ni mal-façon, tous les travaux de chaque exploitation, et à peu de frais.

Nous avons remarqué qu'il existe déjà au sein des populations tunisiennes des traces de ces associations ; car il arrive que les cultivateurs d'un même *Douar* s'unissent, au moment des labours et des ensemencements, pour se prêter un mutuel secours. Ils comprennent que c'est *l'union qui fait la force.*

CHAPITRE XI.

DE L'ÉLEVAGE DES ANIMAUX.

Mais, à côté des productions du sol, l'industrie agricole s'assurerait vite une autre source de richesse : *l'élevage !*

Les races d'animaux que possède aujourd'hui le pays consistent dans les races : *bovine, ovine, caprine* et *che-*

valine. Dans cette dernière, nous ferons rentrer les mules et les dromadaires.

Les races bovine et ovine sont de nature petite ; mais les sujets en sont bien conformés, et prospèrent admirablement sous ce climat.

Les mules, qui remplacent le cheval presque partout, pour la course et les travaux, y sont d'une structure svelte, fine et robuste. C'est une race très précieuse, et que l'agriculteur devrait perfectionner, pour en tirer un grand parti.

Le dromadaire, *chameau à une bosse,* qu'il ne faut pas confondre avec le chameau à deux bosses, qu'on ne rencontre plus qu'en Perse et en Syrie, est le plus précieux des animaux de travail des pays africains. Il est apte à tout emploi ; sa rusticité et sa sobriété en rendent l'entretien peu dispendieux.

Enfin, c'était sur ce sol privilégié que prospérait si bien autrefois la race si recherchée des chevaux *barbes,* qui y sont aujourd'hui presque introuvables, dans leur pureté originelle. A quoi attribuer cette décadence d'un produit que toute l'Europe envie ?

C'est au défaut d'organisation et d'administration de l'agriculture dans la Régence. S'il y avait eu des dépôts d'étalons de cette race précieuse, établis dans les principales contrées du pays, et peuplés de sujets choisis avec soin et science dans la production, les chevaux barbes, dont la célérité, la finesse et la grâce de formes, la robuste nature et la sobriété ne trouvent d'égales chez aucune autre race chevaline, se seraient conservés purs ; et, tout en offrant à la Régence une grande source de revenus, constitueraient, pour l'Europe, un centre où viendrait se recruter sans cesse sa cavalerie légère. Quelle source de prospérité pour l'agriculture !

Espérons que, dans les réformes que le gouvernement ne peut manquer d'accomplir, une *direction de l'agriculture et du commerce* trouvera place, et que, sous ses auspices, se développeront l'amélioration et la régénération des races animales, par voie de *sélection*, la seule qu'il convienne de pratiquer sous un climat exceptionnel, et où l'acclimatation des races étrangères peut mal réussir !

CHAPITRE XII.

D'UNE BONNE LÉGISLATION DOUANIÈRE.

Ces considérations, que nous suggère un examen attentif de la situation économique et topographique de la Tunisie, nous laissent donc convaincu qu'avec de la sagesse et de la fermeté dans les réformes politiques du pays, il surgira en Tunisie une ardeur de travail et de transformations qui fera de ce pays une contrée destinée à une abondante exportation de produits indigènes, soit en produits naturels du sol, soit en produits manufacturés par les industries qui viendront s'établir sur cette terre, auprès des matières premières, telles que filatures, fabriques de toiles et de cordages, huileries, sucreries, distilleries, magnaneries, fonderies.

Mais, pour favoriser cet élan, qui enfantera la prospérité nationale, les hommes d'Etat devront avoir toujours présente à la mémoire cette vérité : « que rien
» n'est plus favorable au développement de la richesse
» des industries locales, qu'une législation douanière
» libérale qui permette, largement et sans entraves, l'écou-
» lement de la portion des produits nationaux qui
» excède les besoins de la consommation du pays, et
» que les nations étrangères viennent solliciter. »

Oui, cette liberté large et patriotique de l'exportation est, pour les pays producteurs, comme serait la Tunisie, le caractère le plus essentiel que doive revêtir la législation douanière.

L'une des taches les plus sombres qui ternissent aujourd'hui les institutions de la Régence est, sans contredit, sa législation douanière, qui, en arrêtant à la frontière la sortie des produits, par l'obligation de payer des droits hors de toute proportion avec la valeur des marchandises, paralyse, chez le producteur, toute initiative, toute vigilance et tout progrès.

A quoi bon produire un excédant des besoins du pays, s'il est impossible de l'exporter ?

Cependant, le principal élément de l'activité du travail est la perspective d'une bonne rémunération. Retirez cette espérance par les tarifs douaniers, et vous tarirez la source de la production.

C'est ce qui est arrivé sous les institutions actuelles de la Tunisie, et c'est ce qui doit disparaître.

En effet, le producteur tunisien paie à la sortie :

1° Pour le blé, par hectolitre. . . . . 0 f. 35 c.

2° Pour le tabac, pour 50 kilogrammes. . . 31 50

3° Pour l'huile d'olive, par 16 kilogrammes. 3 25

4° Par tête de bœuf. 15 30

5° Par mouton. 3 25

6° Pour les laines, etc.

Comme on le voit, ces droits spéciaux à la sortie s'élèvent, pour certains objets, à la moitié de leur valeur totale !

Et, comme ces droits sont indépendants des impôts ordinaires qui frappent ces objets et le producteur à l'intérieur de la Régence, sous les diverses dénominations :

de *capitation*, *d'Erba*, *d'Achour*, *de Canoun*, le producteur ne retire pas de son produit le tiers de sa valeur, et il se décourage au travail. Ce qu'il y a de plus lamentable, c'est que l'Etat lui-même ne profite pas de cette élévation des droits, qui sont presque nuls à la frontière, attendu l'absence d'exportations déclarées, ou qui disparaissent par la fraude.

Dans cette situation, en effet, le producteur, entravé par la loi dans la libre disposition des produits de son travail, s'ingénie pour éluder ses dispositions fiscales; s'attache par tous les moyens à frauder le trésor public, en évitant de payer les droits; et les pratiques de la contrebande prennent pied dans les mœurs du pays, et rendent la législation sans utilité.

Les ressources que l'Etat avait cru s'assurer abondantes et faciles, en exagérant les droits de douane à la sortie, lui échappent par la fraude et par le découragement du travailleur.

Voilà où conduit sûrement, au point de vue économique, toute législation qui méconnaît les principes et l'importance de la modération et de la fixité dans l'assiette de l'impôt en général, et des droits douaniers à l'exportation en particulier.

Que toutes ces entraves, qui arrêtent le développement de la prospérité de la Régence, disparaissent des institutions nationales, et aussitôt l'on verra se réveiller des ardeurs qui sommeillent; chaque producteur s'attachera à étendre chaque jour davantage le cercle de son exploitation, et à en obtenir une plus grande somme de produits qui lui permette d'en exporter une large part. Et le gouvernement, qui aura imprimé à son pays ce mouvement de régénération et de progrès, aura la satisfaction de voir :

L'émulation du travail agricole et industriel dans le peuple et la possibilité d'asseoir un impôt fixe ;

L'ordre, le bien-être et la sécurité dans l'Etat ; et le règne de la justice et du droit dans tous les actes des administrations publiques.

CHAPITRE XIII.

DE LA STATISTIQUE AGRICOLE. — DES ROUTES. — DES EAUX. — DES FINANCES. — DE L'ÉTAT SANITAIRE.

En jetant un coup d'œil rapide sur la situation de la Tunisie, aux points de vue : *de sa statistique agricole ; de sa viabilité ; du service des eaux* et *de ses ressources financières*, nous aurons accompli la tâche agréable que nous nous sommes imposée, de dire nos impressions sur ce lointain pays, ainsi que nos espérances.

I. La Tunisie possède environ *un million* d'hectares de terre cultivable qui pourraient être portés à *deux millions*, par des défrichements, si le droit de propriété y était octroyé aux colons étrangers, car la superficie de la Régence excède 17 *millions* d'hectares en étendue.

Nous ne comprenons pas, bien entendu, dans ces deux millions d'hectares et plus qu'il est facile de livrer au travail agricole, les vastes plantations d'oliviers qui existent sur ce sol, et qui transforment des plaines immenses en délicieux jardins. Les plaines de *Souse,* de *Sphax*, de *Monastier,* de la *Média* et de *Carthage,* font de l'olivier la plus riche production du pays.

Mais, la vaste étendue de terre cultivable que nous venons d'indiquer est à peine entamée par une culture sérieuse ; et c'est à peine si *cent mille hectares* sont livrés à la production !

Cette situation est pénible à constater, mais elle est réelle ; et elle est due aux causes que nous avons signalées dans le cours des considérations qui précèdent.

Il y a donc là, une fois le droit de propriété et la liberté du travail décrétés, un trésor d'avenir pour le travail agricole et industriel; pour l'intelligence et le génie !

II. Mais, sans voies de circulation praticables, les travaux agricoles souffrent dans leur perfection ; et, dans tout effort d'amélioration nationale, l'une des grandes préoccupations des pouvoirs publics doit être de pourvoir à la création d'une bonne viabilité.

Les voies de communication qui sillonnent un pays constituent les éléments principaux de sa prospérité.

Or, nous avons été frappé, dans nos excursions, de l'absence presque complète de chemins praticables, aussitôt qu'on s'éloigne du rivage, ou de Tunis. Cependant, le terrain des vastes plaines qui séparent les montagnes est généralement plat, et la confection de bonnes routes y est très facile.

La route qui conduit de la Goulette à Tunis, le long du lac, sur une longueur d'environ 20 kilomètres, et celle qui conduit de Tunis au *Bardo*, palais du Bey, sur une longueur de quelques kilomètres seulement, sont établies dans le genre de nos routes départementales, et maintenues en bon état.

Ce sont les seules d'une construction moderne et facilement carrossables.

Sur la vaste plaine où le pied foule partout les débris des palais de Carthage, on voit les anciennes voies qui entouraient et desservaient la cité d'Annibal ; mais elles sont difficilement praticables aux voitures aujourd'hui.

Cependant, les routes sont indispensables au développement de l'activité nationale sous toutes ses formes. Elles sont pour un pays les artères qui y maintiennent et facilitent la circulation de la vie. Elles y décuplent la puissance de l'agriculture et du commerce ; et le gouvernement de la Régence, après avoir réveillé, dans le peuple, les ardeurs des travaux productifs, devra fermement entreprendre la création d'une bonne viabilité.

Aucune tentative d'établissement de chemin de fer n'a encore eu lieu en Tunisie, où ils n'eussent été fructueux, jusqu'à présent, que de Tunis aux divers ports du rivage. Mais le mouvement d'affaires qu'entraînerait la réforme et l'amélioration des institutions, commanderait la création de ces voies rapides de transport, et elles y seraient d'une construction facile et peu dispendieuse, en même temps que d'un grand revenu.

III. En outre, les deux principaux agents de la production agricole, une fois les ensemencements bien exécutés, sont : *l'eau* et *le soleil.*

Or, la Tunisie répond à cette double condition.

Le soleil y luit radieux, sans être brûlant.

L'eau s'y trouve presque partout à des profondeurs raisonnables, et la terre conserve assez de fraîcheur pour la bonne venue des récoltes, pendant la première saison. Mais, à partir du mois de mai, les irrigations bien conduites seraient, pour les productions de la seconde culture, d'un effet important. Aussi le cultivateur y attache-t-il le plus grand prix. Le cultivateur sédentaire construit, au milieu de son exploitation, une *noriah,* puits large et profond, dont on rencontre un si grand nombre en parcourant les plaines. Deux seaux en peau de bête, suspendus aux bouts d'une corde qui roule sur une poulie mise en mouvement par un manége manœuvré par deux bœufs, élèvent l'eau et la versent dans un réservoir d'où l'Arabe la conduit sur ses terres par des canaux d'irrigation qui attestent chez lui une grande aptitude pour le travail agricole. Aussi le développement de l'agriculture, en lui donnant l'aisance, lui assurerait-il les moyens d'étendre la bonne pratique des irrigations. Quant aux terres situées dans le voisinage des rivières qui sillonnent la Régence, il suffirait, pour les irriguer, de pratiquer, sous la direction de l'autorité, des voies d'adduction des eaux fluviales, ce qui entraînerait peu de frais et doublerait les produits du sol.

A cet égard, nous ne pouvons passer sous silence le beau travail, digne de l'Europe, que Son Altesse le Bey actuel a fait achever pour le grand bien du pays, et qui a eu pour objet le rétablissement entier de l'immense *aqueduc* qui allait prendre, autrefois, dans les montagnes de *Zughwan*, dont les sommets se perdent dans les nues, une eau abondante et limpide, pour la conduire aux citernes de Carthage, cette magnifique construction, composée de seize réservoirs communiquant par des portes, et qui, presque encore intacte, semble avoir défié les injures du temps. Mais, si ce vaste établissement, voûté en ciment granitique et entouré d'une petite voie large de quelques mètres, pavée en mosaïque, est la ruine la mieux conservée de Carthage, l'aqueduc, sur son parcours de plus de 80 kilomètres, ne présentait plus que des tronçons informes, dont les arcades apparaissent encore de temps en temps entre les montagnes qu'il traversait.

C'est cette œuvre de restauration que le gouvernement du Bey a conduite à bonne fin.

Dans les époques de grande chaleur, l'eau nécessaire à l'alimentation d'une grande ville comme Tunis devait être demandée aux *noriah*, dont nous avons parlé , et la quantité en était toujours insuffisante. C'était, pour la capitale, comme autrefois pour Carthage, une grande gêne et même un péril. Pour rétablir l'adduction qui devait doter Tunis et les pays environnants de l'eau exceptionnellement bonne des *Zaghwans*, et qui coule intarissable, Son Altesse le Bey a dépensé des sommes considérables ; mais cette amélioration vaut, pour le pays, dix fois plus qu'elle n'a coûté ; et, grâce à cet effort de réel progrès, le regard contemple aujourd'hui avec délices ces jets d'eau que lancent, sur les places de Tunis et de la Goulette, de superbes fontaines à l'instar de celles de Paris.

L'altitude de la source des *Zaghwans* a permis au génie moderne de ne pas suivre le mode de canalisation adopté jadis par Carthage, qui consista à construire un mur en maçonnerie dans cette immense étendue, et sur la crête duquel était établi le canal que suivaient les eaux pour arriver aux citernes.

L'aqueduc actuel n'est qu'un immense syphon qui, prenant l'eau à une grande hauteur au-dessus du niveau de Tunis et des plaines qui l'entourent, a pu être établi sous terre, comme un drainage ; suivre toutes les ondulations des montagnes et des terrains qu'il a traversés au-dessous du niveau de la source, et conduire à Tunis cette eau jaillissante , sans laisser de trace apparente de son existence.

La grandeur et le succès de cette grande amélioration nationale, de cette œuvre patriotique, attestent, comme nous-même, que le gouvernement de la Régence, après avoir assuré, par de bonnes réformes et de bonnes institutions, l'abondance de ses ressources financières, pourra entreprendre toutes les améliorations d'intérêt public.

Et quand l'agriculture aura acquis, sous les encouragements de cette ère nouvelle, le développement qui la conduira à la transformation économique du pays, ce bel aqueduc pourra concourir puissamment à l'accroissement des productions du sol, en facilitant, au moyen de ses eaux, les irrigations sur une vaste étendue.

IV. Malheureusement, les travaux publics d'un pays ne peuvent s'exécuter sans grever lourdement le budget de l'Etat. Quand ce budget est basé sur des ressources annuelles qu'on peut apprécier d'avance, à quelque chose près ; quand l'impôt intérieur est d'un recouvrement certain, et qu'il entre comme élément dans cette détermination, un gouvernement peut, sans encourir de grandes déceptions, décider les travaux qui seront exécutés chaque année, et dont la dépense est connue. Mais la Régence, jusqu'à la réforme de ses institutions, n'aura point de ressources annuelles fixes, sur la rentrée desquelles elle puisse fermement compter. Les impôts publics, étant essentiellement aléatoires, lui ont fait souvent défaut, laissant vides les caisses d'un trésor national qui, dans les temps ordinaires, ne reçoit pas plus de 27 millions par an. Il faut, avec si peu de ressources, beaucoup de prévoyance pour faire face aux dépenses ordinaires de l'Etat.

Elle a donc été condamnée, tant par les fautes des règnes précédents que par la nécessité d'exécuter les grands travaux publics que nous avons signalés, à voir ses ressources gravement dépassées par les dépenses exigibles.

Pour faire face au déficit, que devait faire le gouvernement du Bey ?

Il devait suivre l'exemple que lui donnaient chaque jour les grandes nations européennes, engagées, à peu d'exceptions près, dans des voies financières désastreuses : emprunter sans cesse pour liquider les dépenses des travaux publics, au lieu de faire jaillir les sommes nécessaires à ces dépenses, des économies faites sur les ressources budgétaires, et de l'accroissement de la prospérité nationale.

Et la Régence se décida à créer le grand livre de la dette publique. Comme elle était encore un pays inconnu des princes de la finance européenne, elle dut subir les dures conditions du prêteur, et elle a aujourd'hui le devoir de les remplir.

Ces emprunts, qui ont tant fait crier contre la Régence, furent contractés en 1863 et en 1865. Puis, leur montant n'ayant pas suffi à la liquidation totale des dépenses, un autre emprunt fut contracté, sous le nom de *consolidation de la dette flottante*.

La Régence, débarrassée, par ces expédients, de toute dette exigible, avait la certitude de pouvoir, chaque année, faire face, avec ses ressources, à l'amortissement de ces emprunts dans un temps déterminé.

Mais elle avait compté, en engageant, dans le service de cet amortissement, la majeure partie de ses ressources prévues, sans les éventualités, les calamités et les désastres qui pouvaient anéantir ses revenus. Et deux ans s'étaient à peine écoulés, que les maladies, les troubles et la disette paralysaient la rentrée des impôts, et que le trésor public devait suspendre tout paiement.

Depuis cette fatale époque, le Bey n'a cessé de faire tous ses efforts pour ne plus voir ainsi la vieille terre carthaginoise écrasée sous le poids des récriminations internationales, et, pour arriver à mettre le trésor public en mesure de faire face aux engagements contractés. Il est impossible, pour quiconque a examiné de près cette situation, de méconnaître la réalité et la permanence de ces efforts. S'ils n'ont pas abouti complètement, la faute doit en être attribuée à l'organisation défectueuse des institutions gouvernementales, et non à la volonté du souverain.

Mais, si ces efforts n'ont pas amené le paiement des annuités arriérées de la dette, ils ont eu pour résultat la création d'une commission financière, composée d'hommes d'élite, Tunisiens et étrangers, à laquelle a été dévolue la mission d'organiser l'administration financière de la Régence sur des bases efficaces ; d'unifier la dette publique, en dotant chaque créancier actuel d'un titre uniforme, et d'arrêter les moyens de faire que les revenus de l'Etat soient enfin une réalité, et ne puissent plus être détournés de leur affectation, qui est l'amortissement de cette dette publique.

En présence des efforts du prince, les créanciers de la Régence n'ont pas hésité à venir à son aide, en agréant l'idée de l'unification des dettes contractées et de la diminution des intérêts originairement stipulés.

Ce travail une fois complètement terminé, et toutes les dettes de l'Etat n'en formant plus qu'une seule, nous sommes convaincu que la Régence peut payer sa dette totale, évaluée aujourd'hui à 160 millions de francs, en principal et intérêts, dans l'espace de cinquante années, moyennant l'acquit annuel de 10,000,000 de francs.

Or, ses revenus ordinaires actuels, s'élevant à environ 27 millions de francs, seront plus que doublés par la sérieuse organisation des impôts intérieurs et des tarifs douaniers, et par l'effet des réformes politiques qui s'imposent à la Régence ; et l'annuité de dix millions de francs, que nous considérons comme grandement suffisante à l'amortissement de cette dette totale, ne sera pas une charge lourde pour un gouvernement dont les dépenses administratives sont très modérées.

Les créanciers du gouvernement de Tunis peuvent donc espérer aujourd'hui que leurs titres, garantis par des nantissements d'impôts dont l'assiette et la perception vont être organisés suivant les principes européens, et dont le chiffre peut, avec la bonne volonté du gouvernement de réformer les imperfections des institutions nationales, devenir considérable, trouveront, sur les marchés financiers de l'Europe, la même faveur que les titres des emprunts européens. C'est notre conviction.

Nous leur crierons donc : Patience et espérance !

V. L'état sanitaire du pays est un point qui inspire toujours aux colons étrangers la crainte de périls inconnus, et paralyse le mouvement de l'émigration des travailleurs européens. Or, il est une vérité incontestable : c'est que la Tunisie est exempte des fièvres et des épidémies qui règnent à certaines époques dans les contrées américaines. Il est même très rare d'y voir sévir ces épizooties qui désolent l'agriculture européenne, en décimant ses races animales les plus indispensables.

Sous le climat privilégié de la Régence, tout prospère et se développe à la satisfaction du travailleur intelligent et soigneux.

L'Européen, qui émigre en si grand nombre chaque année vers l'Amérique, cette terre où toutes les ardeurs du travail s'allument au flambeau de la sage et vraie liberté, peut donc, avec plus de sécurité pour sa personne et pour ses troupeaux, aller planter sa tente sur le vieux sol carthaginois, quand le droit individuel de propriété lui sera octroyé par les institutions réformées du pays.

Et nul doute qu'avec cette garantie et les encouragements des pouvoirs publics, l'émigrant ne préfère, à une terre éloignée, un sol fertile situé à une petite distance de sa patrie.

CHAPITRE XIV.

CONCLUSION.

Proclamons donc avec foi que la Régence peut remonter, au 19ᵉ siècle, au degré de splendeur qui a fait de son sol le grenier de l'Europe, et redevenir la terre des plus riches comme des plus abondantes productions.

Pourquoi, alors, désespérer de sa régénération ?

Est-ce qu'elle ne renferme pas des hommes capables de comprendre et d'accomplir cette grande mission ?

Est-ce que les lumières de la civilisation et du progrès ne pénètrent pas aujourd'hui les esprits les plus murés contre l'éclat de leurs rayons ?

Est-ce que les facilités de circulation, de correspondance et de propagation des idées économiques et politiques que donnent aux peuples les chemins de fer, la vapeur, l'électricité, ne sont pas des forces devant lesquelles toutes les traditions d'un autre âge, toutes les mœurs rétrogrades doivent s'incliner et disparaître pour faire place aux émulations moralisatrices du travail et de la pensée, et aux activités progressives qui assurent aujourd'hui le bien-être, la sécurité et le salut des peuples ?

La Tunisie, douée d'institutions rationnelles ; exempte, par sa situation topographique, des troubles et des commotions qui semblent devoir, dans un temps prochain, anéantir, sous les barbaries du despotisme, toutes les splendeurs des États européens, et gratifiée par la Providence d'un climat et d'une fertilité de productions qui ne se rencontrent que très rarement sur le globe, doit tendre sans relâche à sa régénération par l'agriculture, l'industrie et le progrès !

Que Son Altesse le Bey reprenne la tâche des réformes commencées ; qu'il appuie ses efforts sur le concours dévoué d'hommes de savoir, de probité, d'énergie et d'honneur ; qu'il s'inspire aux lumières des expériences acquises et des nécessités de l'époque, pour diriger ses pas dans la voie salutaire des réformes et des améliorations nationales ; et qu'il les accomplisse, ensuite, avec la fermeté et l'ardeur que donne aux natures supérieures la conscience du bien public ; et, dans peu d'années, comme nous l'avons dit, la Régence aura changé de face ; ses populations, protégées et soulagées par le rayonnement de la justice et de la sollicitude de la loi, béniront la main de leur bienfaiteur ; leurs plaines désertes se couvriront de riches moissons et de voies de circulation pleines de mouvement et de vie ; et les mines du pays verseront aux industries diverses d'inépuisables aliments qui seront comme la semence de la prospérité nationale. Puis, ainsi débarrassée des entraves qui l'enchaînent dans l'impuissance et l'étiolement, la Régence ne verra plus le ciel de son avenir bouleversé par l'orage, et elle reprendra dans l'opinion publique du monde le prestige et le rang de loyauté et d'honneur qui sont assurés à toute nation qui se relève et se régénère par l'ordre, le travail et la probité !

9 782013 672504